NOTICE
sur
JACQUES LECOFFRE

PAR

M. ALFRED NETTEMENT

SUIVIE D'UNE LETTRE

DE

M. LE Cte DE MONTALEMBERT

PARIS
IMPRIMERIE SIMON RAÇON ET Cie
1, RUE D'ERFURTH

NOTICE
SUR
JACQUES LECOFFRE

PAR

M. ALFRED NETTEMENT

SUIVIE D'UNE LETTRE

DE

M. LE C^{TE} DE MONTALEMBERT

PARIS
IMPRIMERIE SIMON RAÇON ET CIE
1, RUE D'ERFURTH

JACQUES LECOFFRE

Deux motifs m'ont déterminé à essayer de retracer, dans cette notice nécrologique, la physionomie de Jacques Lecoffre, enlevé le 13 janvier 1866 à sa famille attristée et à la cause du bien qu'il servait. Le premier, c'est le désir de payer une dette de justice à la mémoire d'un ami, qui a pris une part plus grande que ne le croient ou ne le savent la plupart de ses contemporains, aux luttes de notre époque. On ne doit, dit-on, que la vérité aux morts, mais du moins on leur doit toute la vérité. Il ne faut pas que l'extrême modestie de l'homme que nous venons de perdre le prive de la place à laquelle il a droit dans l'estime de tous. Comme ces sources souterraines qui fertilisent la terre sans se montrer à la surface, Jacques Lecoffre a caché ses services ; le moment de les montrer est venu.

L'autre motif est plus grave encore. Ce qu'il faut chercher surtout dans la vie des morts, c'est un exemple pour les vivants. Notre société périt faute de caractères. Les hommes habiles abondent ; ce qui manque, ce sont ces hommes forts et énergiques dans le bien, qui prennent soin de maintenir l'harmonie entre leurs principes et leurs actions, sans jamais transiger sur un devoir, et qui, tout en suivant leur carrière privée, trouvent le moyen de donner une part de leur intelligence, de leur temps, de leurs forces, aux questions générales, aux grandes causes.

Si Jacques Lecoffre n'avait été qu'un de ces hommes habiles qui, par leur aptitude et leur persévérance, s'élèvent d'une position médiocre à une haute position, je laisserais à d'autres le soin de parler de lui. Il fut quelque chose de plus rare dans notre époque, il fut un caractère. Malgré tout le temps, tout le travail, toute la force dont il eut besoin pour créer sa position personnelle, il trouva du temps, du travail, de la force pour les questions générales de son temps, pour les grandes causes : d'abord et avant tout la cause de l'Église, ensuite la cause de son pays, où il fut toujours prêt à défendre l'alliance féconde des principes d'ordre avec ceux d'une liberté réglée.

Quand je parle ainsi, j'ai mon témoin. On lira à la fin de cette notice la lettre écrite par M. de Montalembert au sujet de la perte de cet homme excellent. L'illustre écrivain, qui a rempli le premier rôle dans les combats livrés pour la liberté de l'enseignement et pour celle de l'Église, m'excusera, m'approuvera d'avoir publié sa lettre. Elle ne m'appartient pas, elle appartient à la mémoire de notre ami. C'est un honneur pour lui de l'avoir méritée, comme c'est l'honneur de M. de Montalembert de l'avoir écrite.

Ce témoignage rendu à la partie extérieure de l'existence de Jacques Lecoffre simplifie et abrége ma tâche. Ce que je veux tâcher de faire, c'est d'expliquer, en peignant l'homme, comment et pourquoi il se trouva toujours au niveau de ses devoirs.

Né, en 1802, à Lyon, d'une famille de la bourgeoisie de cette ville, d'une famille catholique et royaliste, Jacques Lecoffre, qui se trouvait sans fortune, entra de bonne heure dans la librairie. Son jugement sûr, son esprit sagace et pénétrant, son énergique nature, l'appelaient au succès. Il s'appuya sur deux forces pour obtenir et ennoblir ce succès : le travail et la religion. C'était un travailleur austère, infatigable, prolongeant le labeur des jours par celui des nuits, étudiant dans tous leurs détails les affaires et les saisissant, avec une rare clairvoyance, dans leur ensemble; mais c'était aussi un chrétien convaincu et fervent, qui se défendait, contre l'endurcissement que causent ordinairement les affaires, par la noble préoccupation des choses spirituelles, intellectuelles et morales.

Tel M. de Montalembert trouva le jeune commis en 1831, à Lyon, derrière un comptoir de librairie, c'était la librairie de la maison Perisse, tel je le trouvai en 1852, à Paris, vingt et un ans plus tard, mais arrivé à une grande position, devenu le propriétaire et le chef de la maison de librairie qu'il avait longtemps dirigée comme gérant, et en ayant fait le centre de l'action catholique depuis plusieurs années, estimé par les évèques qui y avaient eu la principale part, je nommerai S. É. le cardinal Gousset qui a exprimé dans une lettre touchante sa haute et affectueuse estime pour celui qui n'est plus, et Mgr Parisis ; honoré par les laïques qui avaient conduit la campagne de la liberté de l'enseignement et de la liberté de l'Église. M. de Montalembert a tout dit sur ce point dans sa lettre, je n'ai rien à y ajouter.

Cette physionomie, un peu froide au premier abord, m'intéressa bientôt. Je ne tardai pas à découvrir que, si Jacques Lecoffre ne se livrait pas plus en amitié qu'en affaires, s'il étudiait les hommes comme les choses, il était capable d'aimer profondément. Cet homme austère avait les exquises délicatesses, les touchantes prévenances, les sollicitudes du cœur. Il était tendrement attaché à ses amis. Je l'ai vu après de longues années, heureux d'un hommage rendu à la mémoire du célèbre sculpteur Legendre-Héral, avec lequel il avait été lié d'une étroite amitié dans sa jeunesse. Je l'ai vu préoccupé de la santé de ses amis, inquiet de leurs traverses, se réjouissant avec effusion de leurs succès, et, si modeste pour lui-même, plein de fierté de leur gloire. Gouvernant toujours ses affections par ses principes et son jugement, il mesurait ses sympathies au dévouement que les personnes avec lesquelles il avait un commerce montraient à la cause de la vérité et de la justice. Sans aucun amour-propre, il avait un sentiment trop élevé de la dignité humaine pour se faire le serviteur d'un homme ; mais il était toujours prêt à mettre tous les moyens dont il disposait au service de ceux qui servaient les principes qui lui étaient chers.

Économe dans ses dépenses, il était généreux dans ses dons. Comme il mettait de l'ordre et de la régularité dans toute chose, il établissait, chaque année, sur ses gains, le budget de la charité à laquelle il faisait une large part. Les œuvres catholiques et les pauvres levaient la dîme sur ses profits.

Combien de fois me suis-je dit en entrant dans sa maison, où tout respirait la religion, la règle, l'austère devoir, où tout était donné au travail, où le nom même du plaisir était inconnu, que j'entrais dans une de ces maisons de la catholique et fière bourgeoisie du moyen âge qui ne se contentait pas d'être chrétienne à l'église, et qui faisait de la religion la suprême régulatrice de ses idées, de ses sentiments, de ses actes ! Homme de son temps par l'ardeur avec laquelle il s'occupait de toutes les questions d'un intérêt actuel, c'était un homme antique par ses mœurs. Il portait dans les publications qui sortaient de sa maison le contrôle sévère de ses croyances, la généreuse susceptibilité de ses sentiments et les scrupules d'une conscience vigilante.

Comme les grands éditeurs des premiers siècles de l'imprimerie, il avait un soin constant de la perfection de la forme matérielle, mais avec une préoccupation bien plus vive encore de l'orthodoxie du fond. Quand il s'agissait d'ouvrages importants et qui se rattachaient aux sujets de ses réflexions habituelles ou à des époques sur lesquelles il avait des souvenirs personnels, il trouvait le temps, lui à qui le temps manquait, de relire les épreuves, et ses observations, présentées avec une modestie pleine de réserve, ont souvent, je le sais, éclairé les auteurs, sans jamais les offenser.

On verra dans la lettre de M. de Montalembert la grande part qu'il eut dans les luttes pour la liberté de l'enseignement et la liberté de l'Église, et le concours viril qu'il apporta à la bonne cause pendant les temps troublés qui suivirent la révolution de 1848. Toutes les questions qui intéressaient l'Église lui allaient au cœur. La question de la liturgie romaine, celle de la restauration du chant grégorien, trouvèrent en lui un vaillant champion. Il avait pour la papauté et pour notre Saint-Père Pie IX un dévouement vraiment filial, et quand la question de la souveraineté temporelle du Pape se trouva posée, ce fut dans sa maison que furent publiés plusieurs des principaux écrits qui éclairèrent d'une vive lumière cette question; il me suffira de citer ceux de S. Ém. le cardinal Gousset, MM. de Montalembert, Sauzet et Léopold de Gaillard.

Le dernier sujet dont j'ai vu cette âme vraiment catholique préoccupée, celui sur lequel sa conversation revenait sans cesse, c'est la mesure et les conditions dans lesquelles l'Église peut tolérer la liberté; je ne parle pas de la liberté civile et politique contre laquelle elle n'a pas d'objections, mais de la liberté des idées sur les questions religieuses. Pénétré de l'importance de cette question qui divisait les catholiques et créait de graves malentendus, il encouragea un jeune et savant ecclésiastique, M. l'abbé Godard, à la traiter, et quoiqu'à demi content de son travail dont plusieurs idées lui paraissaient trop absolues, il le publia pour faire marcher la question. Les *Principes de 89 et la Doctrine catholique* furent censurés à Rome. Jacques Lecoffre, sans se décourager, supprima l'édition et exhorta l'abbé Godard à se rendre dans cette ville et à demander à corriger son livre d'après les observations des théologiens romains les plus accrédités. Le Souverain Pontife, reconnaissant la pureté des intentions de l'auteur, lui accorda cette faveur singulière et rarement accordée dans des circonstances analogues, comme le dit Mgr l'évêque d'Arras. Ce fut ainsi que parut, en 1863, la seconde édition des *Principes de 89, corrigée et augmentée*, édition autorisée par les théologiens romains chargés de l'examiner.

La lumière était désormais faite sur cette question si importante et si ardemment controversée. Ce fut pour Jacques Lecoffre, toujours modeste, toujours disposé à se tenir sur l'arrière-plan après avoir rendu un service, une vive satisfaction d'esprit et un repos de conscience. Je l'entendis plusieurs fois se féliciter de ce résultat qu'il avait préparé, de cette solution donnée à un problème qui, dès sa première jeunesse, l'avait préoccupé. C'était comme son *Nunc dimittis* qu'il répétait.

J'ai hâte maintenant de laisser la parole à M. de Montalembert. Je veux seulement dire un mot de la fin chrétienne qui a couronné cette vie chrétienne.

Depuis un an, la famille et les amis de M. Lecoffre étaient frappés de l'altération graduelle de sa santé, et sa maladie remontait peut-être plus haut encore. En 1859, en revenant de Venise, où il était allé saluer le digne héritier d'une grande race, pour laquelle il était animé d'un dévouement traditionnel, il avait été atteint d'une fièvre typhoïde qui l'avait conduit aux portes de la mort. Il s'était remis cependant, et avait bientôt repris son travail accoutumé avec une nouvelle ardeur. Lorsqu'il y a un an, sa famille et ses amis virent sa santé s'affaiblir, ils le pressèrent de ne pas se refuser le repos dont il avait besoin, de se ménager.

Mais Jacques Lecoffre était dur pour lui-même. Sa vie était comme prise dans la grande roue d'engrenage du travail ; ses affaires lui faisaient violence, et lui-même faisait violence à sa santé. Tant qu'il put marcher il marcha. Le jour où la force du mal l'arrêta, il était trop tard ; il était frappé à mort. Son agonie dura quatre mois, tant sa forte constitution lutta avant de succomber. Il supporta ses longues souffrances avec une patience qu'il puisa dans sa foi vive et profonde et dans les secours de l'Église, qu'il appela à son aide pour ce dernier combat, comme il y avait puisé ses forces pour les luttes de sa laborieuse carrière. Ses dernières paroles à la fidèle compagne de sa vie, à ses enfants, à ses amis, aux chefs d'emploi de sa maison de librairie, furent empreintes de cette gravité et de cette onction que le père de famille chrétien sait seul mettre dans ses suprêmes adieux.

Il recommanda particulièrement à son fils, arrivé à l'âge d'homme, de ne mettre jamais dans les affaires la question d'argent qu'au second rang. Ce vrai chrétien, élevé à l'école de l'Évangile, savait que l'argent peut être un bon serviteur, mais qu'il est un mauvais maître, et, dans ces derniers mots, il léguait à son fils la règle de sa vie.

ALFRED NETTEMENT.

Voici la lettre que m'écrit, au sujet de la mort de Jacques Lecoffre, M. de Montalembert :

« La Roche-en-Breny, 16 janvier 1866,

« A M. ALFRED NETTEMENT

« Mon cher ancien collègue,

« Quelques lignes de vous, émues et vraies, dans l'*Union*, m'ont fait voir que vous étiez comme moi sincèrement affligé de la mort de M. Lecoffre. Nous perdons en lui bien plus qu'un éditeur, nous perdons un ami, un de ces amis dont on peut s'honorer devant Dieu et devant les hommes. Je l'avais d'abord connu il y a trente-cinq ans, à Lyon, en y passant pour aller à Rome avec M. de Lamennais et l'abbé Lacordaire. C'était le temps des illusions généreuses, des ardeurs souvent aveugles, mais toujours sincères, toujours désintéressées, et dont n'auront jamais à rougir ceux qu'elles embrasèrent d'une flamme inconnue aux jeunes Français du second empire !

« Jacques Lecoffre était alors simple commis dans je ne sais quelle maison de librairie. Nous nous tendîmes la main à travers son comptoir, et à partir de ce jour, je l'ai toujours vu dévoué à toutes les bonnes causes, y consacrant ses soins, son temps, son intelligence, avec un zèle modeste, persévérant, inébranlable. On ne saurait apprécier assez haut les services qu'il a rendus à la liberté religieuse et à la liberté d'enseignement pendant le règne de Louis-Philippe et la République. Sa maison était le centre de toutes nos publications, et, sans lui, nous n'aurions point atteint les résultats, incomplets et prématurés, mais aussi salutaires qu'imprévus, de la lutte qui s'est terminée par le vote de la loi-Falloux.

« Depuis lors, on l'a toujours retrouvé parmi les plus fermes champions de l'honneur et de la liberté de l'Église. Si la cause de Pie IX avait eu en France et en Europe beaucoup de partisans aussi convaincus et aussi résolus, elle n'en serait pas là où nous la voyons. Du reste, l'indépendance et la dignité politique lui étaient aussi chères que ses convictions religieuses. Vous savez tout cela, mon cher ancien collègue, aussi bien que moi. Mais c'est un soulagement pour mon âme attristée que de pouvoir épancher avec vous ma douleur et mon estime pour cet homme excellent.

« En outre, comme je ne connais pas la famille de M. Lecoffre, avec qui vous avez eu des relations plus fréquentes que les miennes, je veux vous prier d'être auprès d'elle l'interprète de ma sincère condoléance. Vous ne refuserez pas, j'en suis sûr, cette commission qui me procure l'occasion, toujours précieuse pour moi, de vous renouveler l'expression de ma très-haute et très-cordiale estime.

« Ch. DE MONTALEMBERT. »